Cambiando

COLORES

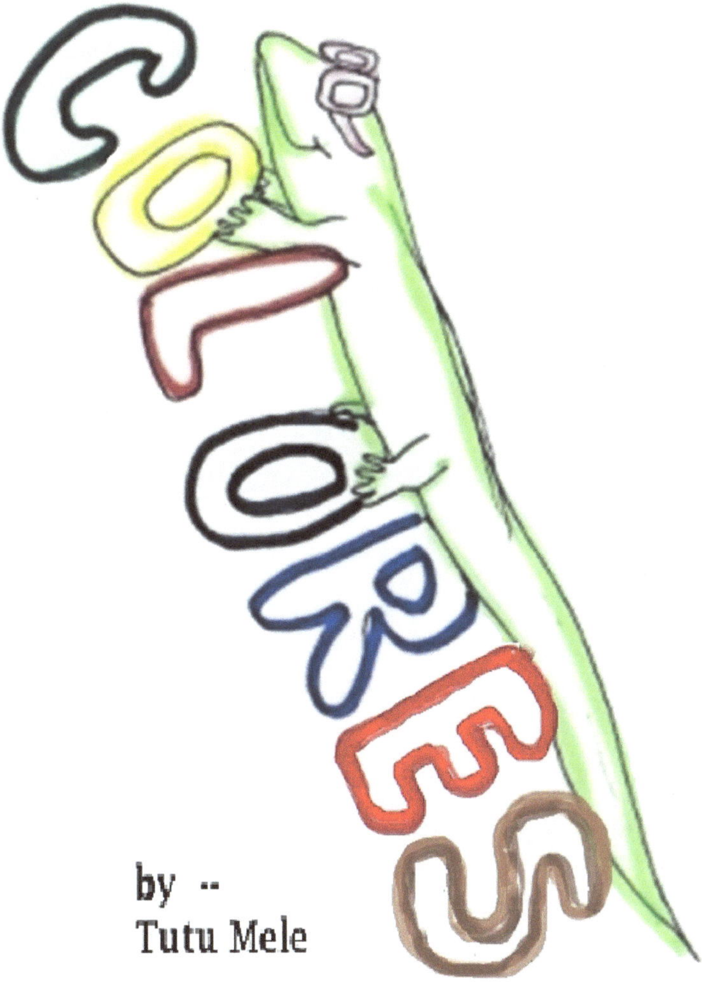

by ··
Tutu Mele

Cambiando Colores

By

Tutu Mele

DEDICACIÓN

Dedico este libro a todos los niños y niñas quienes están aprendiendo los colores. Les encantaría leer acerca de la lagartija mientras cambia de color para evitar el peligro. Su hijo o hija buscará la lagartija en cada página. Si a su hijo o hija le interesa la naturaleza, le gustará seguir la lagartija mientras busca los bichos sabrosos.

También dedico este libro a mis nietos quienes están empezando el colegio y aprendiendo a leer. Espero que de muchas horas de placer a todos los lectores principiantes. Sin importar si su hija o hijo puede leer o si le guste que le lean, él o ella disfrutará este libro.

Gracias a mi buena amiga y autora, Rhonda Feltman, por haberme ayudado a publicar mis libros para niños.

Cambiando

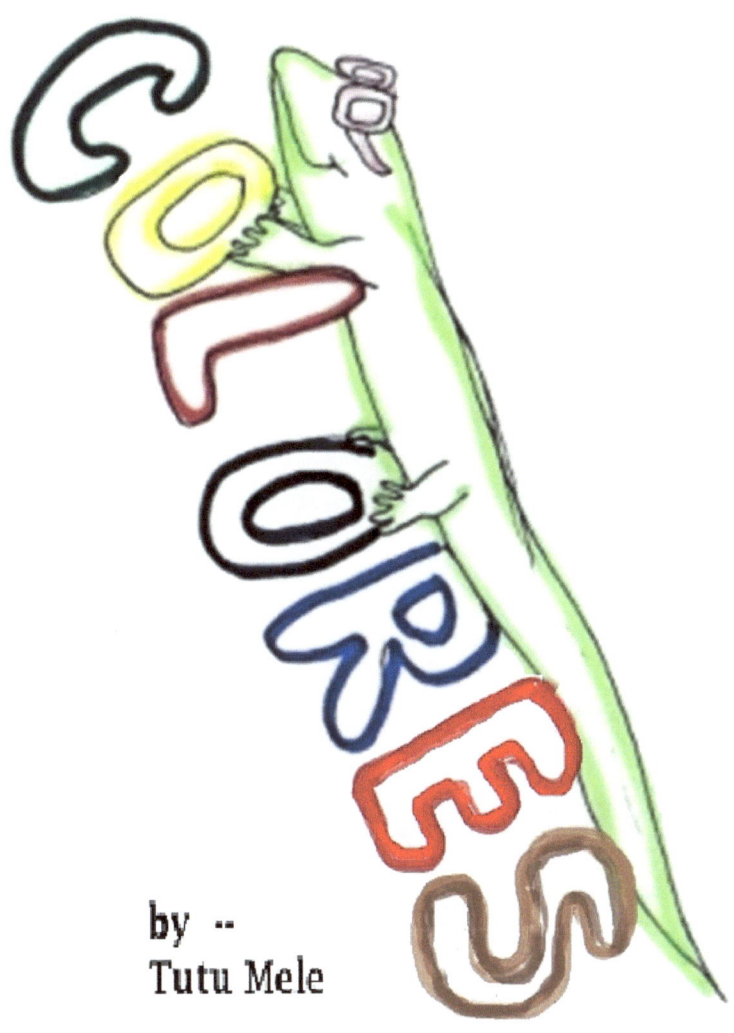

by --
Tutu Mele

Mírame.
Quiero comer.
Necesitaré todos mis
colores.

La charca está lejos. Ahora me revestiré de amarillo.

Engañaré a este tipo.

Aquí esta Pancho.
Él es rojo.
Él me dejará pasar.

No te preocupes.
Yo puedo revestirme
de color café.
Yo puedo pasarle sin
problema.

No regresaré.
Yo puedo revestirme
de negro.
No tengo que ir lejos.
¡Me estoy divirtiendo!

Yo saltaré encima de esta chancleta.

Es azul.

Seguiré en el camino.

El azul es un color chévere.

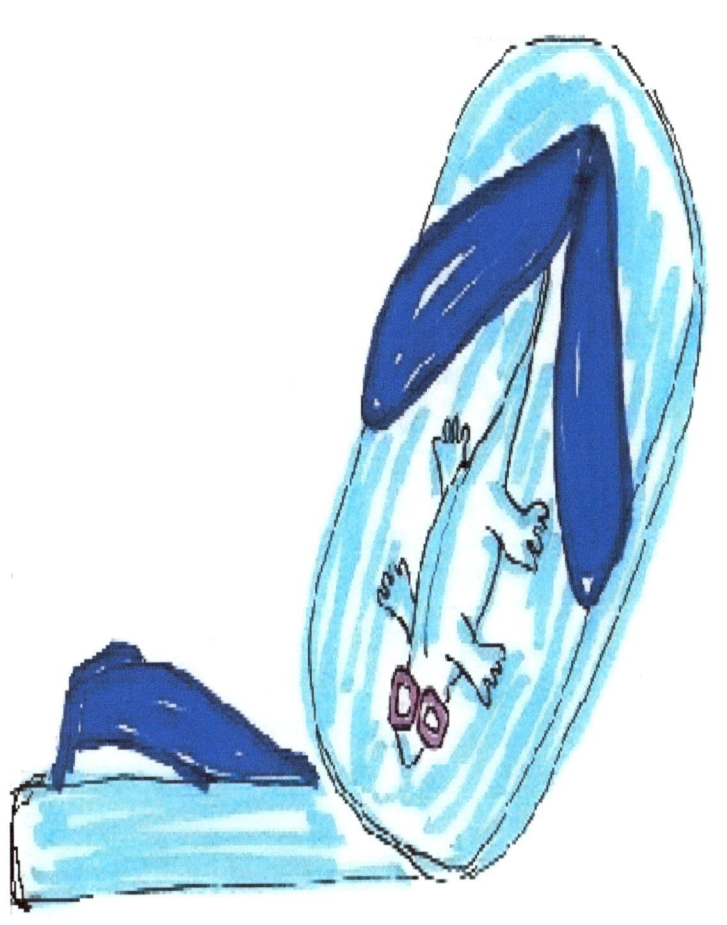

Pasaré encima de esta naranja.

Que rico.

Bueno pero no para mí.

Aquí en la charca puedo ser verde.

No me pueden ver si soy verde.

Ahora puedo comer.

Azul, amarillo, rojo, café, negro, anaranjado y verde.

Hay que ir lejos para poder comer todos los bichos sabrosos.

Tutu Mele

Dedico este libro a mis nietos quienes están aprendiendo a leer y amar la maravilla del medio ambiente. Les fascina observar la lagartija mientras cambia de colores para evitar el peligro. Sin importar si su hijo o hija puede leer o le guste que le leen, él o ella disfrutará este libro.

Other titles by Tutu Mele include:

The Ugly Bug

The Frog That Croaked

Changing Colors

Little Whale Small

The Bike That Ate Dirt

La Motocicleta Que Come Lodo

Little Dog Laugh

www.ingramcontent.com/pod-product-compliance
Lightning Source LLC
Chambersburg PA
CBHW050922290526
45792CB00002B/858